Die KUNST des Zeichnens FÜR KINDER

ÜBUNGSBUCH

INHALTSVERZEICHNIS

ÜBUNG MACHT DEN MEISTER

Liebe kleine und große Künstler,

in diesem Buch bekommt ihr von mir die besten Tipps für junge Zeichentalente. Damit könnt ihr bestimmt bald besser zeichnen als eure Eltern oder größeren Geschwister. Manches sieht auf den ersten Blick schwerer aus, als es in Wirklichkeit ist, manche Übungen sind aber auch ganz einfach. Probier es einfach aus und du wirst sehen, dass deine Bilder bald bewundert werden. Als kleine weitere Hilfe habe ich euch drei Sterne für die unterschiedlichen Schwierigkeitslevel auf die jeweiligen Doppelseiten gestellt, dann könnt ihr selbst entscheiden, was ihr euch bereits zutraut und was euch am meisten Spaß macht.

Los geht's!

Euer Gecko

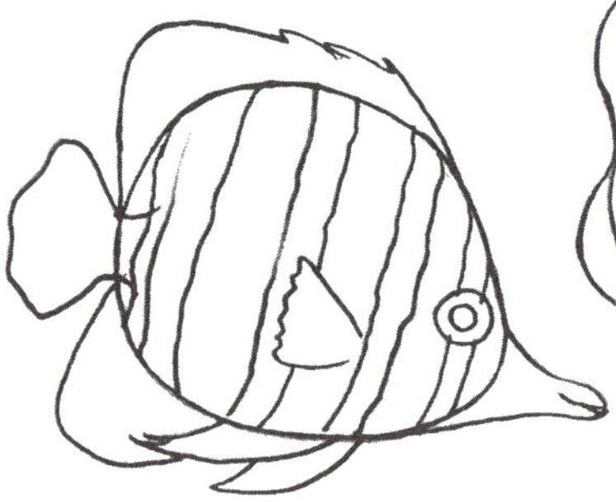

Schwierigkeitslevel

★☆☆ LEICHT

★★☆ MITTEL

★★★ SCHWER

GRUNDKURS

Auf den ersten Seiten lernst du die besten Zeichentechniken kennen und erfährst wie du sie anwenden kannst. Dazu brauchst du auch nur: Papier, Bleistifte zwischen HB und 3B, Spitzer und Radierer – und schon kann es losgehen!

EINFACH ANFANGEN

Kreise und gerade Linien sauber hinzubekommen, ist eine wichtige Voraussetzung fürs Zeichnen. Fange hier gleich an zu üben.

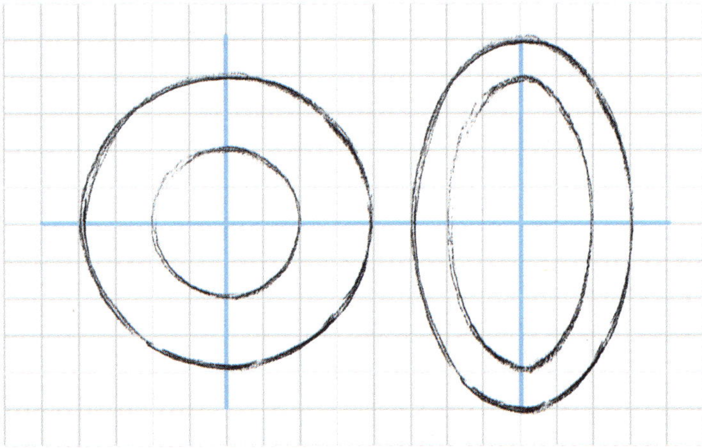

Zeichne viele Kreise und Ovale in allen Größen.

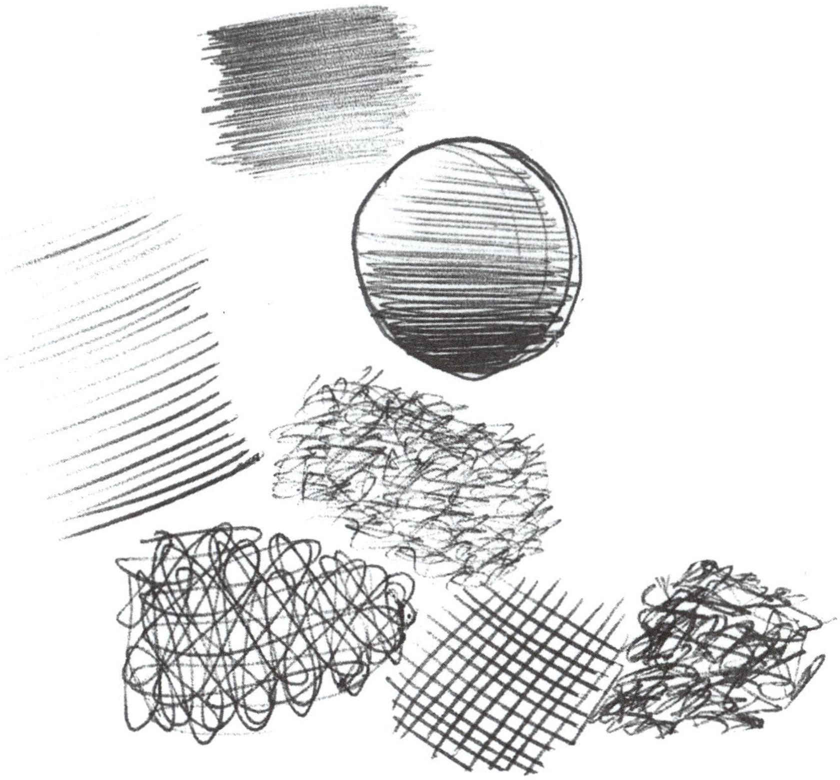

Teste dein Material und ergänze weitere Kritzeleien und Schraffuren.

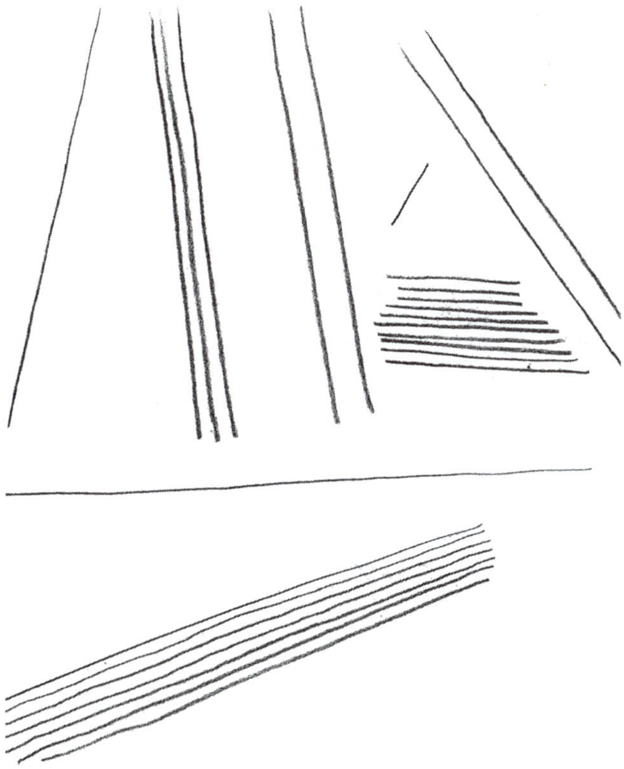

Zeichne Linien so gerade wie möglich und in unterschiedlichen Abständen.

KRITZELIGE STRUKTUREN

Jedes Tier sieht anders aus, besonders auch durch seine Körperoberfläche oder Fellstruktur. Hier siehst du, wie man solche Oberflächen mit dem Bleistift ganz einfach nachempfinden kann.

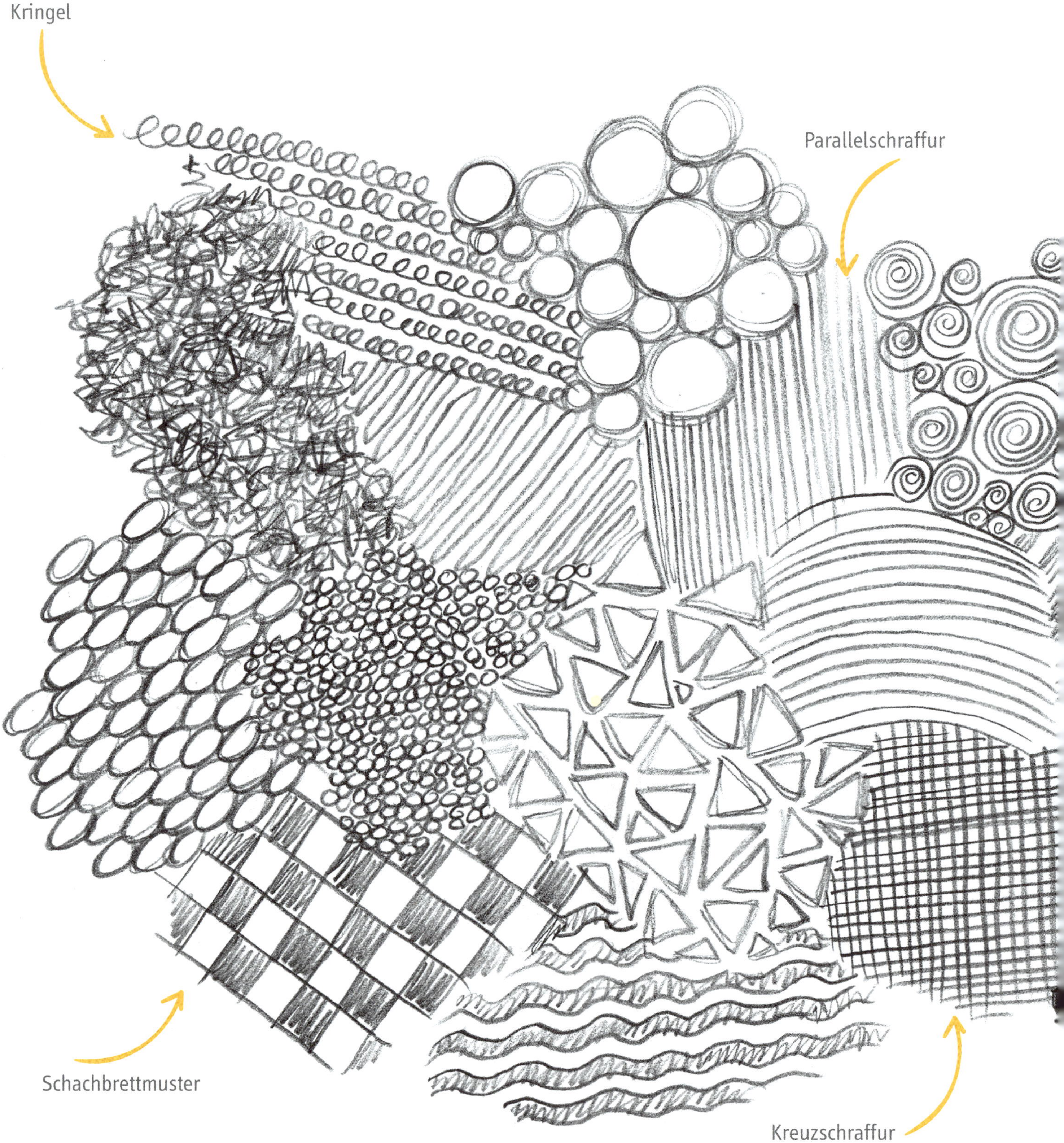

Schnecken

Zeichne die Strukturen von nebenan und ergänze den Teppich um weitere Ideen.

TIERISCH SCHRAFFIERT

Technische Übungen wirken auf den ersten Blick langweilig. Kombiniert man sie jedoch mit einer schönen Aufgabe, kommen tolle Motive dabei heraus.

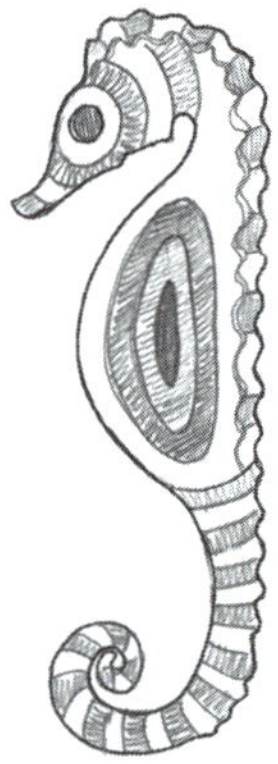

Ergänze auf der Doppelseite die angefangenen Schraffuren und Muster oder zeichne sie anhand der kleinen Abbildungen neu (Frosch und Seepferdchen).

Ich glaube,
das kann ich auch!

GEGEN DEN STRICH

Eine lustige Übung ist es, typische Hautstrukturen auf andere Tiere zu übertragen und zu schauen, was dabei herauskommt

Zeichne weitere Schuppen in das Kästchen und gestalte dann den ganzen „Schuppofanten“ mit Schuppen in unterschiedlichen Größen.

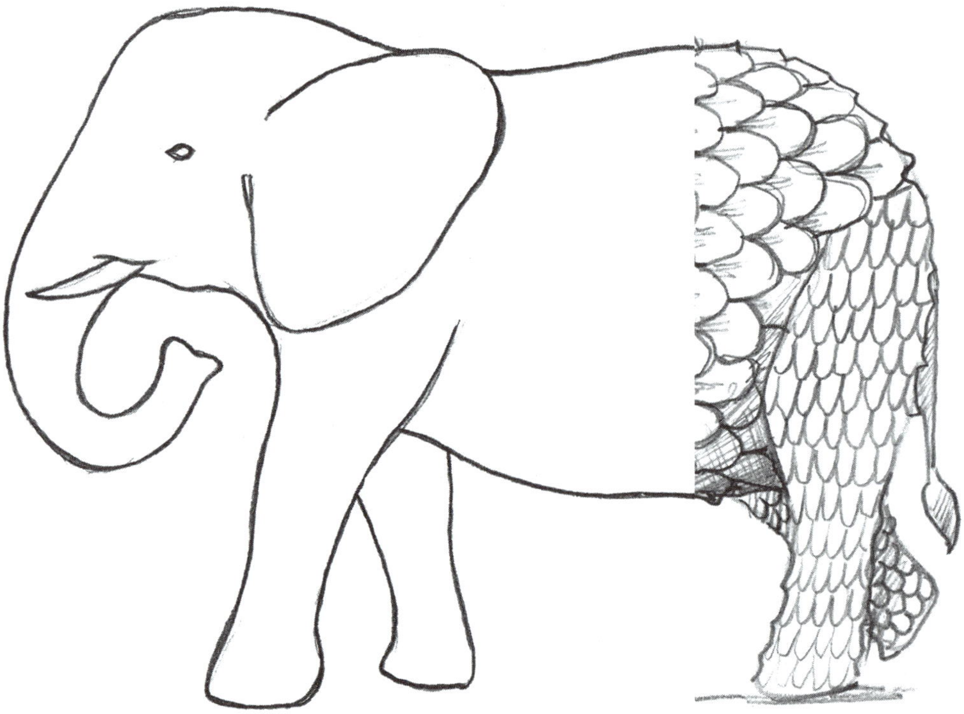

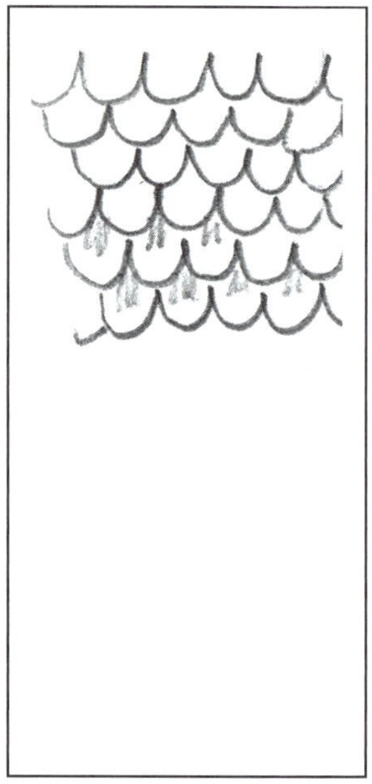

Zeichne den rechten Fügel des „Holzlings“

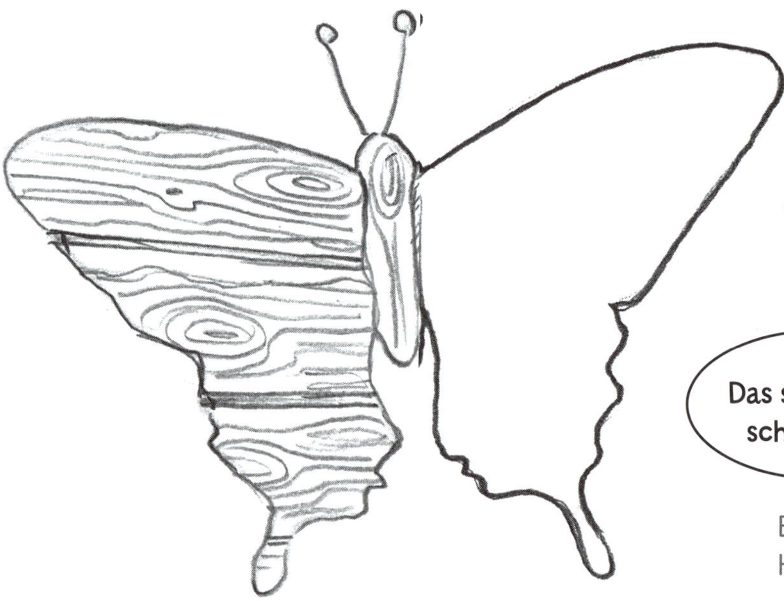

Ergänze weitere Hornplatten beim „Hornpferdchen“.

Zeichne in das Kästchen weitere Ringelstrukturen und ergänze sie dann im Dromedar.

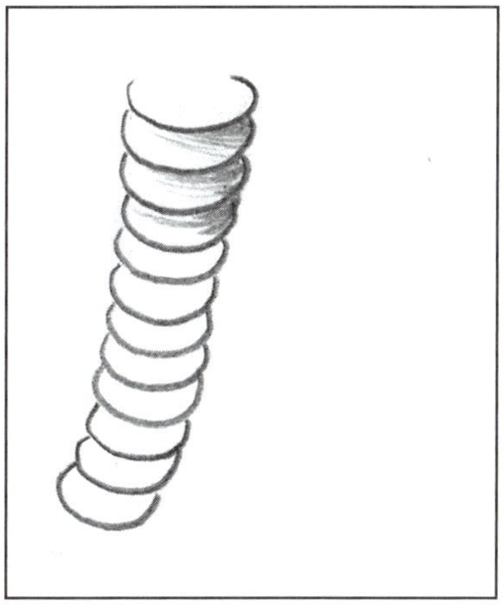

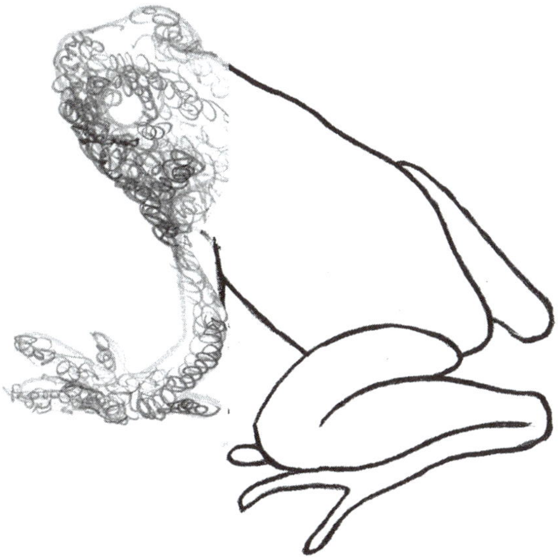

Zeichne in das Kästchen weitere Blubberblasen und gestalte dann einen „Blubber-Gorilla“.

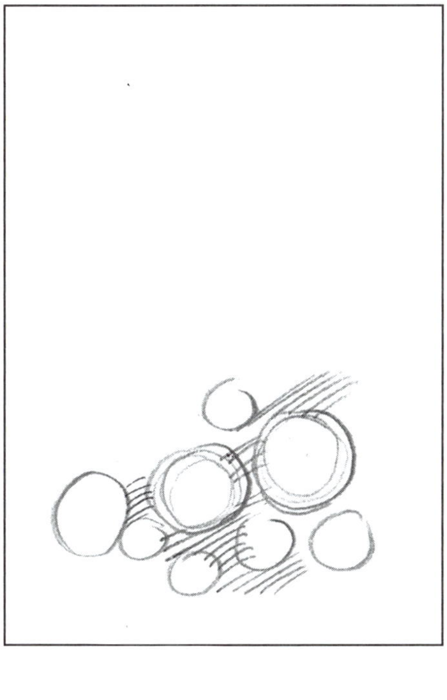

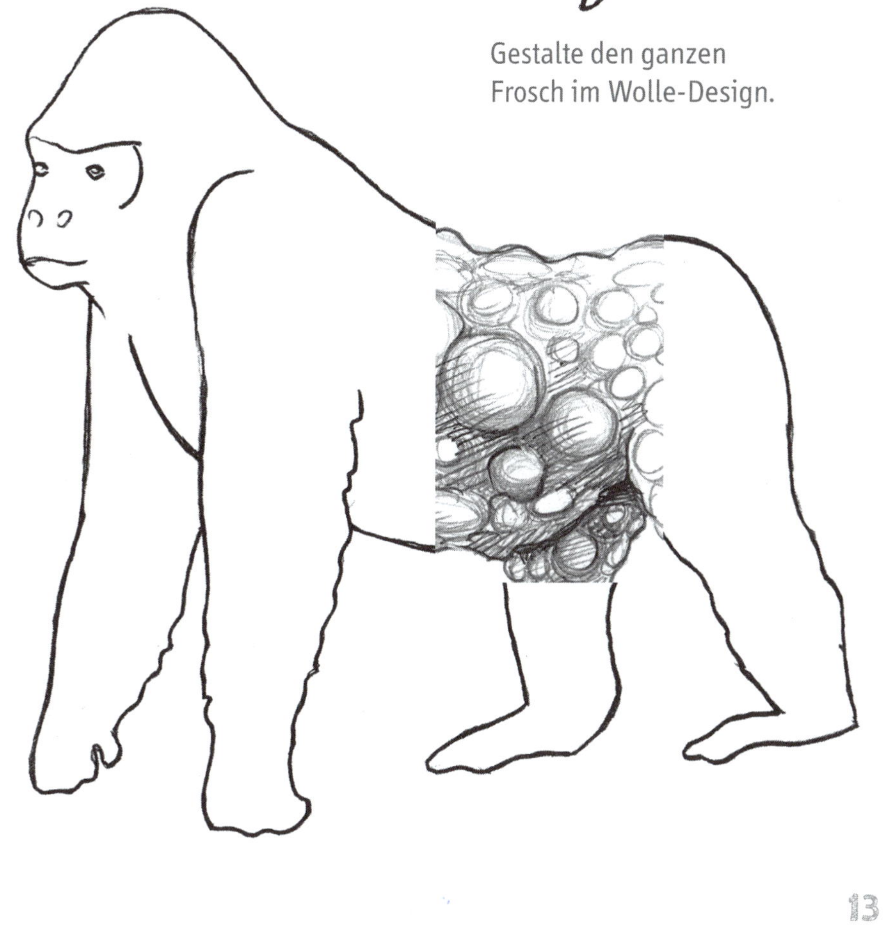

Gestalte den ganzen Frosch im Wolle-Design.

INVASION AUS DEM ALL

Bei dir zuhause gibt es bestimmt einige Action-Figuren, Spielpuppen und Co. Vielleicht ist dir schon mal aufgefallen, dass diese aus vereinfachten Formen zusammengesetzt sind. So ist es auch beim Zeichnen, was wir auf dieser Doppelseite üben.

Die Form muss nicht immer auf Anhieb passen. Näher dich langsam an und ergänze weitere Figuren.

Zeichne hier weitere kleine stark vereinfachte Tierchen.

GRUNDFORMEN

Jetzt kommen wir zu einem der wichtigsten Kapitel, nämlich dem Zeichnen grafischer Grundformen und deren Anwendung.

Zeichne weitere Abwandlungen von Vierecken, Dreiecken und Kreisen in die jeweilige Reihe.

Versuche, den Elefant und das Fohlen auf Basis der Grundformen in das freie Feld zu zeichnen.

Zeichne die beiden Tiere weiter, indem du auch Fell und Schatten zeichnest.

AUS DEM BAUKASTEN

Nun kannst du auch andere Tiere mit dem Zeichenstift auf Basis der Grundformen „zusammenbauen“.

Zeichne den Froch, den Hirsch und den Fisch wie links abgebildet.

Zeichne diese Tiere nach oder ergänze weiter. Füge auch weitere Details und Körperstrukturen dazu.

SCHRITT FÜR SCHRITT – TIER

Die Arbeitsweise mit Hilfe einfacher Formen kennst du bereits. Hier wird sie am Beispiel einer Katze ganz genau gezeigt.

Zeichne zuerst die einfache Grundform von oben links und dann die beiden weiteren Arbeitsschritte.

Koloriere die drei abgebildeten Katzen mit Buntstiften.

Anhand der Abbildungen oben siehst du, wie deine weiteren drei Zeichnungen der Katze aussehen sollten.

SCHRITT FÜR SCHRITT - MENSCH

Hier siehst du genau, wie man Schritt für Schritt einen Mensch zeichnet und was du dabei beachten musst.

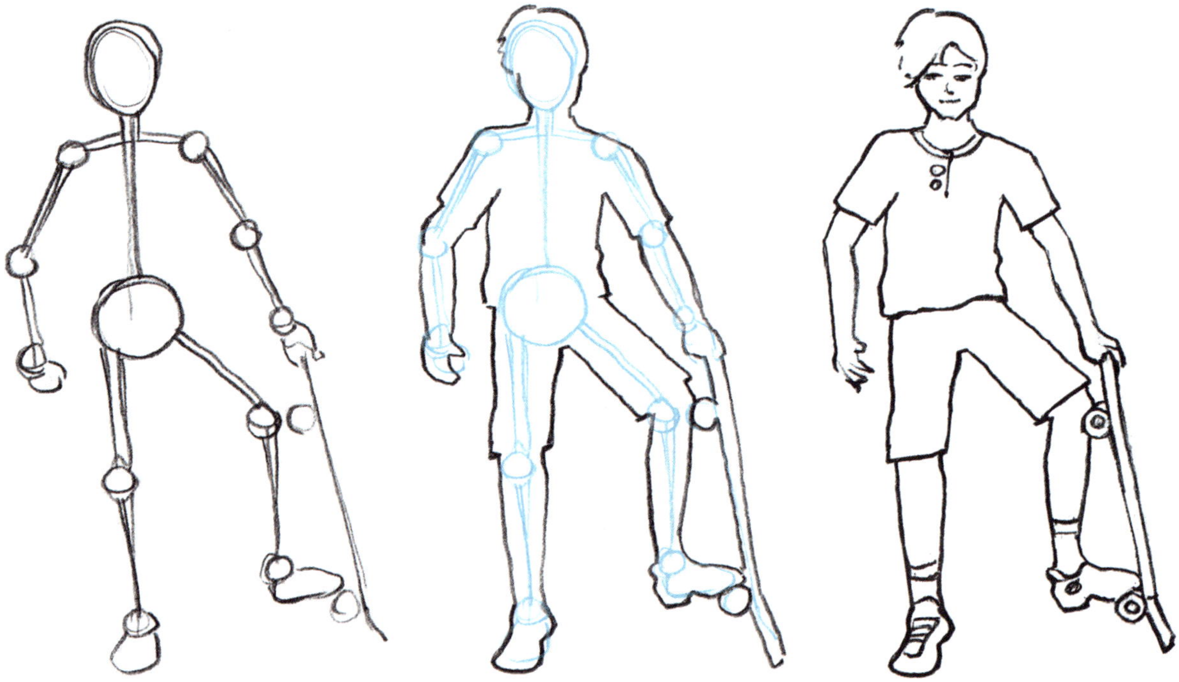

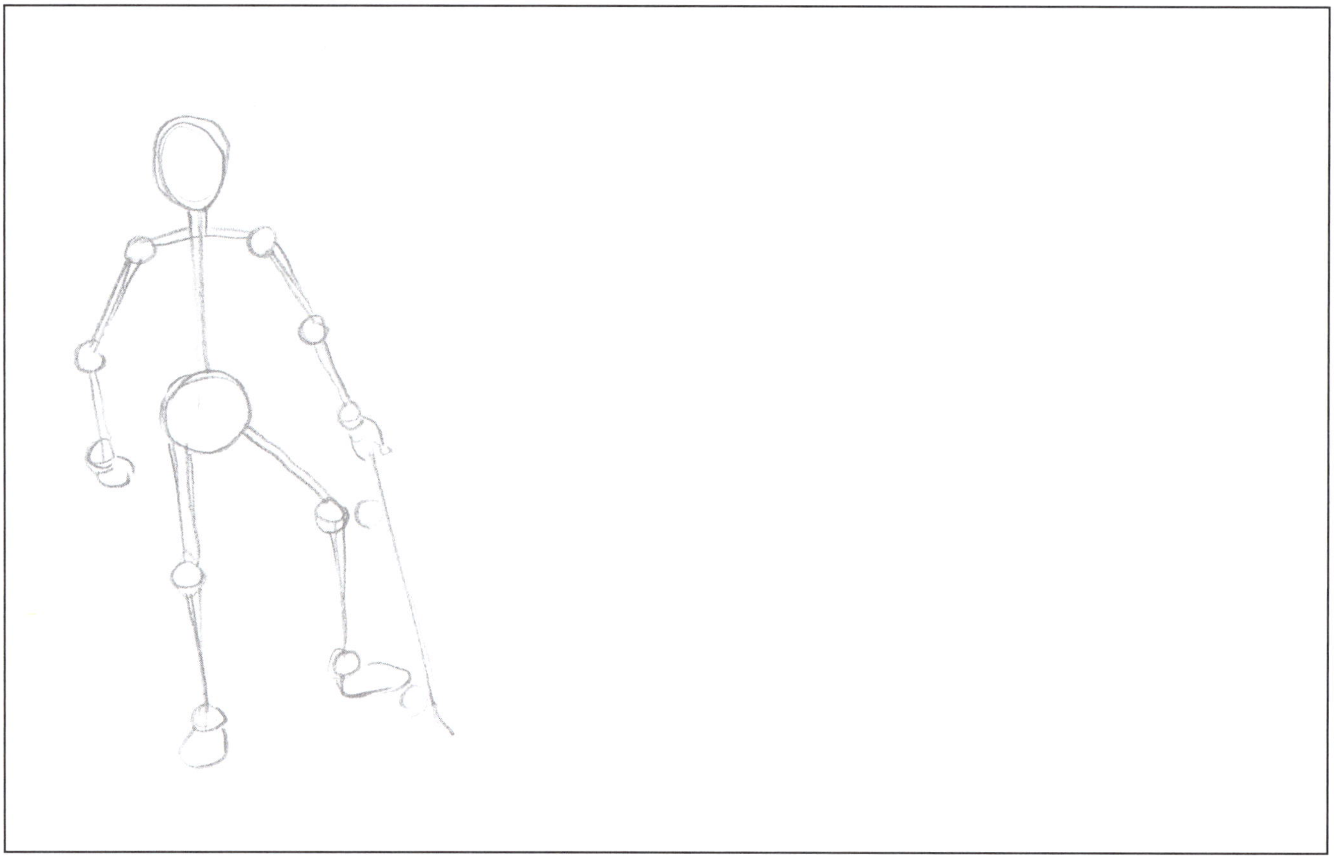

Zeichne die ersten drei Arbeitsschritte ausgehend von dem Strichmännchen in das Feld.

Koloriere die drei abgebildeten Figuren mit Buntstiften.

Arbeite den Entwurf von Seite 22 in drei weiteren Arbeitsschritten und mit Hilfe von Schraffuren aus.

TIERE ZEICHNEN

Jetzt widmen wir uns dem Thema „Tiere“ und der unglaublichen Artenvielfalt. Unten siehst du die Tiergruppen aufgelistet, welche alle in diesem Buchteil vorkommen.

FARMTIERE
WILDTIERE
VÖGEL
INSEKTEN
NAGETIERE
MEERESTIERE
HUNDE
KATZEN

HAHN

Fangen wir mit den Farmtieren an und hier mit einem Hahn, der sich sehr gut als erstes Übungstier eignet.

★★☆

Zeichne den Hahn auf Basis des hellen Grundaufbaus nach. Zeichne oben noch ein paar Küken dazu.

KLEINE ZIEGE

★★☆

Tier-Babys sind einfach total süß! Deshalb macht es auch besonders Spaß, sie zu zeichnen wie diese kleine Ziege. Leg also gleich los.

Zeichne der Ziege einen schönen Hintergrund mit Wiese, Bäumen, Sträuchern und einem Stall.

Versuche die beiden Grundformen der Ziege so genau wie möglich in das Feld nebenan zu zeichnen.

Zeichne nun die kleine Ziege von Seite 26 über den transparenten Grundaufbau.

KUH BEIM WEIDEN

★☆☆

Wusstest du, dass Kühe in Indien heilig sind? Widmen wir diesem auf der ganzen Welt so wichtigen Tier unsere Aufmerksamkeit und zeichnen es.

Gestalte der Kuh eine Weide, auf der sie noch mit weiteren Kühen grast.

Zeichne die rechte Körperhälfte der Kuh über die helle Ansicht.

In diese Fläche kannst du dein ganz eigenes Kuhmotiv zeichnen. Such dir ein geeignetes Foto dafür.

MAMA-SCHWEIN MIT FERKEL

★★☆

Gestalte den beiden Schweinen einen schönen schlammigen Boden, in dem sie sich suhlen können.

Schweine dürfen in diesem Buchteil natürlich auch nicht fehlen, hier gleich zu zweit mit Mama-Schwein und Ferkel.

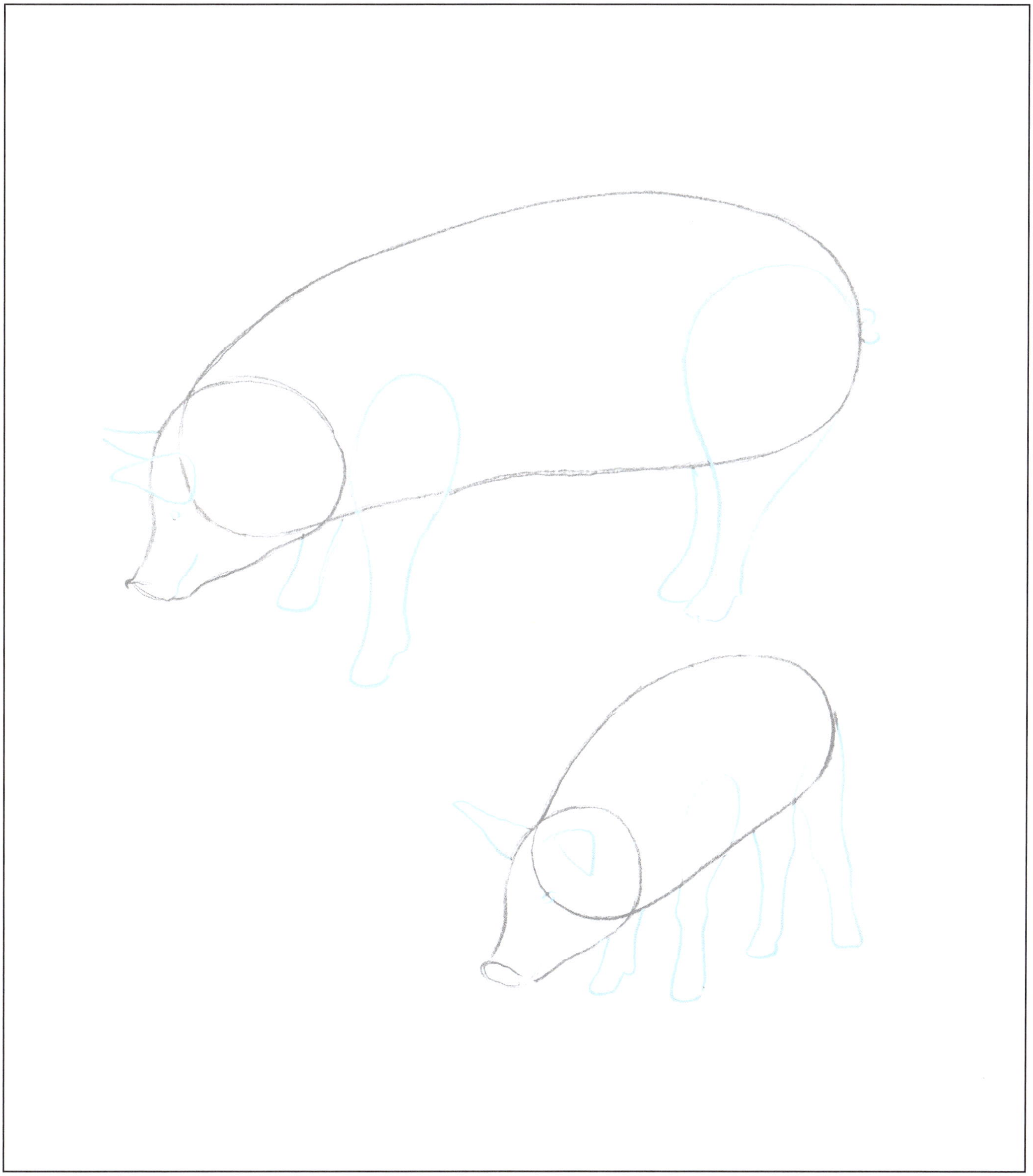

Auf Basis dieser beider Grundformen kannst du die beiden Schweine nachzeichnen.

FLAUSCHIGES SCHAF

★★☆

Natürlich darf auch das Schaf nicht fehlen. Wer schon einmal in Schottland oder Irland war, der wird davon schon ganz viele gesehen haben. Versuche dich gleich einmal an einem.

Zeichne oben das Schaf auf Basis der Grundformen. Übe beim unteren Schaf die Wollstruktur von nebenan.

Gestalte mit den sichtbaren Vorlagen eine ganze Schafsherde.

WILDER LÖWE

☆☆☆

Er wird „König der Tiere" genannt und sein Äußeres ist dieser Bezeichnung auch angemessen. Versuchen wir uns also diesem einzigartigen Säugetier auch künstlerisch zu nähern und es so schön wie möglich darzustellen.

Zeichne den Löwen von der Seite gegenüber auf diesen Grundaufbau und achte dabei besonders auf die Mähne.

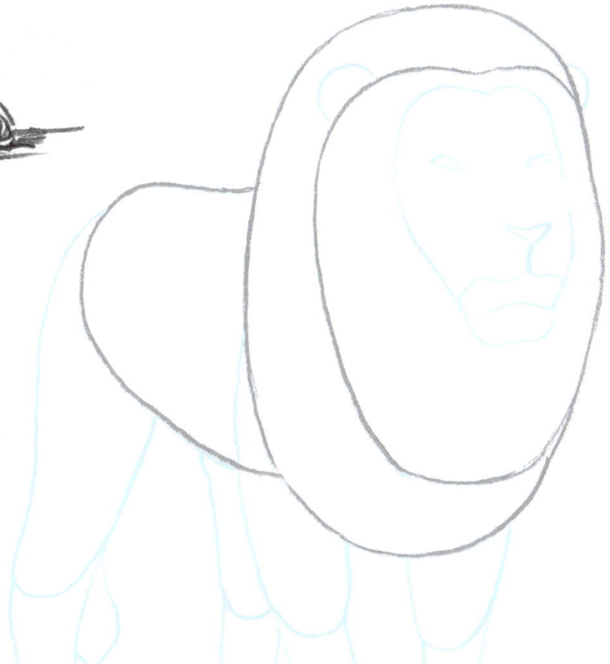

Ergänze den Löwen oben mit einem Hintergrund und zeichne über die Basisformen einen weiteren Löwen.

GROSS WIE EINE GIRAFFE

★★☆

Die Giraffe ist sicher eines der beeindruckendsten Tiere überhaupt. Ihr langer Hals, die langen Beine und vor allem das Muster auf dem Fell machen sie zu einem tollen Zeichenmotiv.

Zeichne oben die laufende Giraffe über die helle Ansicht und gestalte den beiden Tieren eine passende Umgebung.

Übe anhand dieser Vorlage das Fleckenmuster auf dem Fell der Giraffe.

AFRIKANISCHER ELEFANT

★★☆

Ihr kennt sicher den Unterschied zwischen einem afrikanischen und einem indischen Elefant, nämlich die Ohrengröße. Zum Zeichnen sind die großen Ohren vom afrikanischen Elefant natürlich spannender.

Zeichne im Hintergrund des Elefanten eine Steppenlandschaft mit Bäumen und Sträuchern.

Auf Basis dieses hellen Grundaufbaus kannst du den ganzen Elefanten in das Feld zeichnen.

Wer sich bereits etwas mehr zutraut, der zeichnet diesen Bewegungsablauf des Elefanten in das Feld.

BISSIGES KROKODIL

★★★

Ein Tier, welches auch gehörigen Respekt einflößt, ist das Krokodil. Beim Zeichnen geht es vor allem um die Gestaltung der Reptilienhaut.

Übe in der Mitte die Struktur der Haut und zeichne darunter ein weiteres Krokodil über die helle Ansicht.

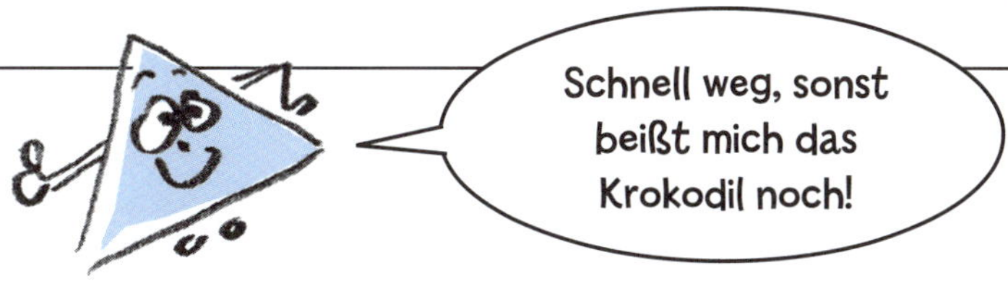

Zeichne oben den Kopf mit geschlossenem Maul, in der Mitte ein weiteres Tier und unten dein eigenes Krokodil.

PAPAGEI

★★☆

Papageien beeindrucken besonders durch ihre Farbigkeit, aber auch als Motiv für eine Bleistiftzeichnung eignet sich der Vogel durch seine starken Hell-Dunkel-Kontraste sehr gut.

Zeichne den Schwanz des Papageis links und einen kompletten Papagei über den hellen Vordruck rechts.

Gestalte deinen eigenen Papageienkopf und zeichne dann um den Vogel eine Dschungel-Landschaft.

STRAUSS

★☆☆

Ganz schön beeindruckend diese großen Tiere, auch wenn sie nicht fliegen können. Als Zeichen-Modell eignen sie sich aufgrund ihrer Formen jedenfalls perfekt!

Zeichne oben rechts einen weiteren Strauß und gestalte etwas Landschaft dazu.

In diesem Feld ist genug Platz, um einen Strauß in angemessener Größe zu zeichnen.

KOLIBRI, SPATZ UND KIWI

★★☆

Kolibri, Spatz und Kiwi gehören zu den kleineren Vogelarten, wobei der Kolibri sogar der kleinste Vogel der Welt ist. Schauen wir mal, was wir aus den kleinen Tieren machen können.

Über den hellen Vordruck kannst du den kleinen Kolibri zeichnen.

Rechts ist genug Platz, um aus dem einsamen Spatz ein Spatzenpärchen zu machen.

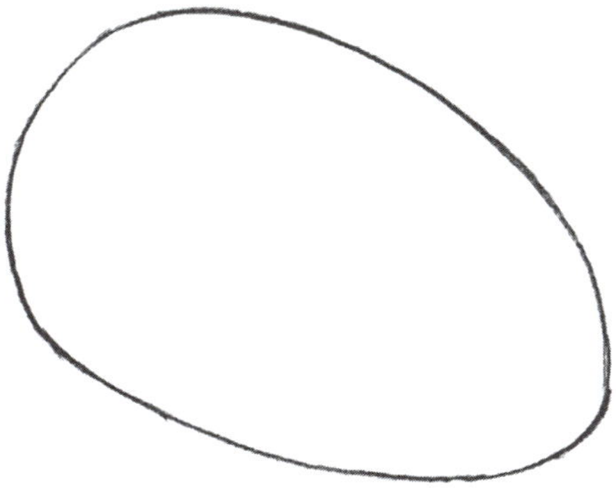

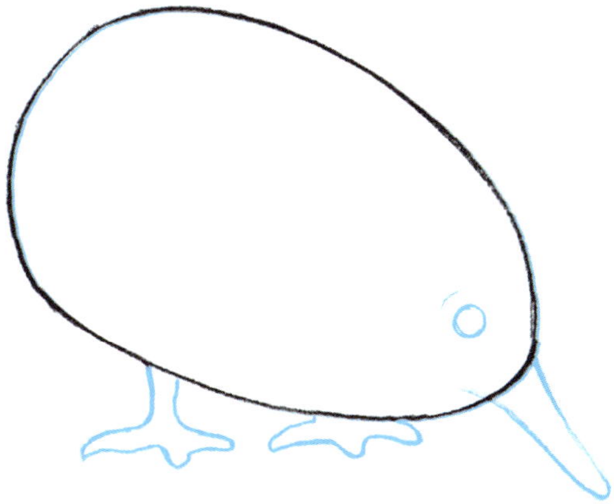

Zeichne hier den kompletten Aufbau des Kiwis in vier Schritten.

BIENE UND SCHMETTERLING

★★☆

Die Biene ist eines der wichtigsten Tiere überhaupt und manche Schmetterlinge gehören zu den schönsten Tiere. Die besten Voraussetzungen also, um zum Stift zu greifen und loszulegen.

In diesem Feld kannst du Bienen üben und dabei einen ganzen Schwarm entstehen lassen.

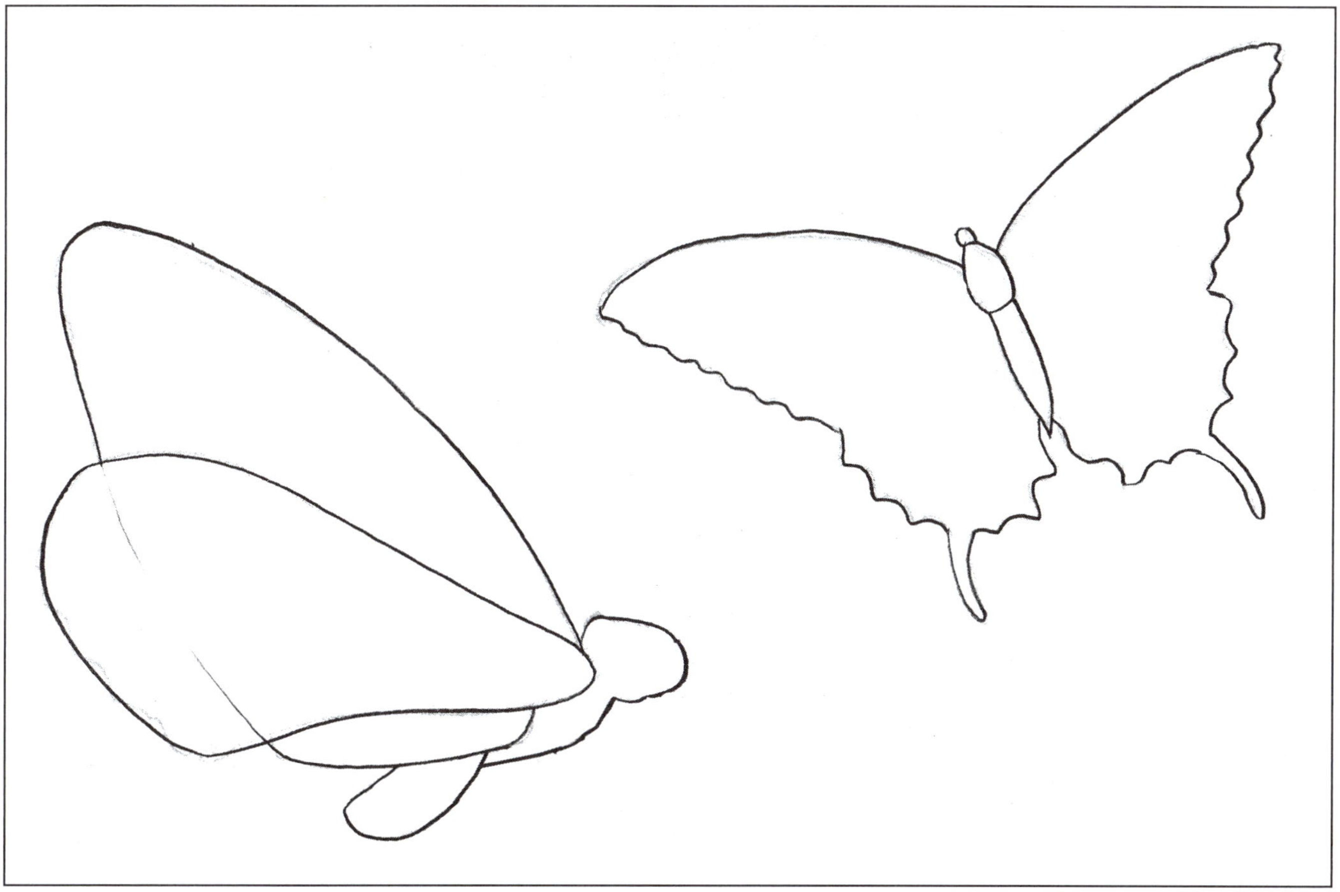

Nicht ganz einfach, diese Muster zu zeichnen, aber auf Basis der vorhandenen Darstellung gelingt es dir bestimmt.

KRABBELIGES

★☆☆

Mit der Ameise und der Raupe des Tabakschwärmers wird es richtig krabbelig auf dieser Seite. Diese beiden Tierchen bekommst du ganz bestimmt hin!

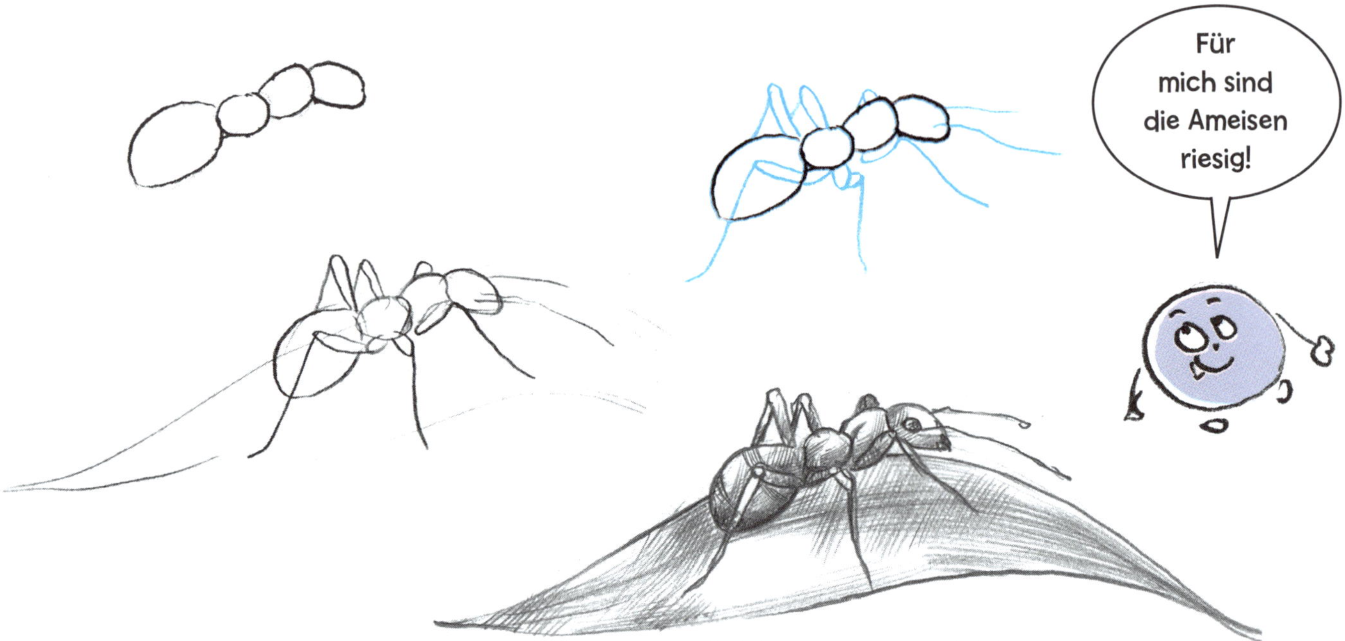

Zeichne noch mehr Blätter zu der Ameise.

Übe die Ameise, indem du alle vier Arbeitsschritte nachzeichnest.

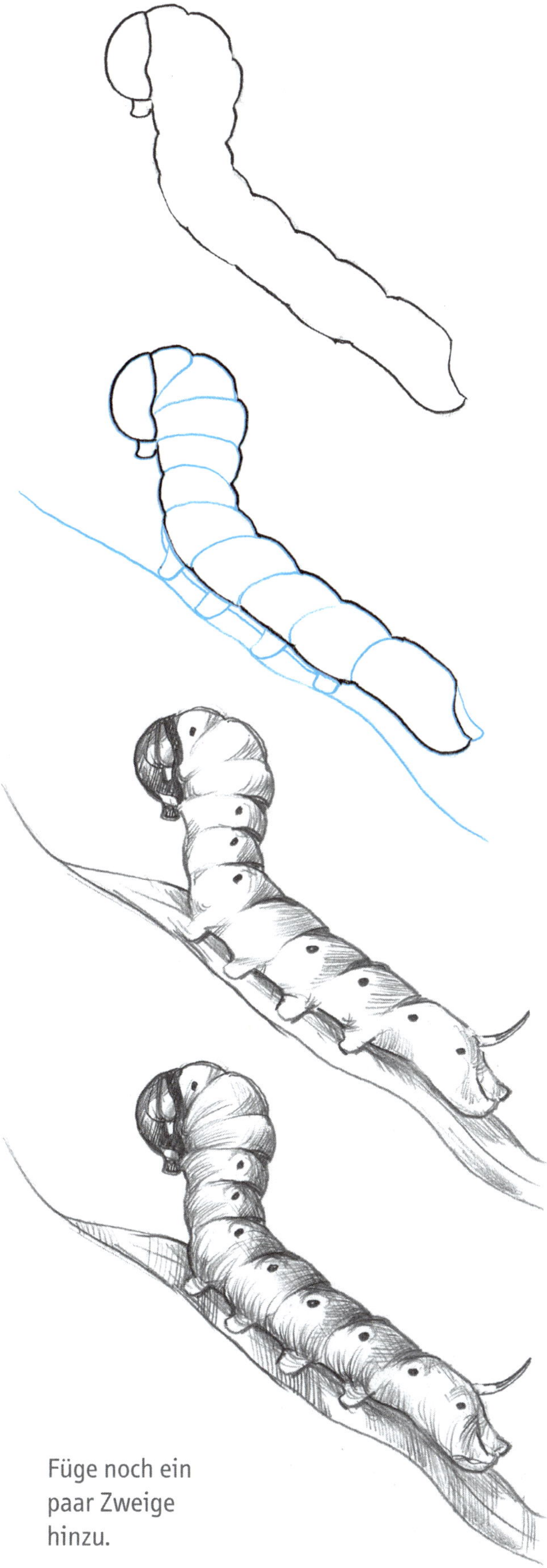

Füge noch ein paar Zweige hinzu.

Zeichne auch die Raupe in allen Schritten in die freie Fläche.

SÜSSE NAGER

★★☆

Hamster und Meerschweinchen gehören zu den beliebtesten Haustieren. Vielleicht hast du selbst eines dieser niedlichen Tiere daheim. Versuche auch mal eines davon zu zeichnen.

Zeichne um das Meerscheinchen die Umgebung aus deinem Kinderzimmer.

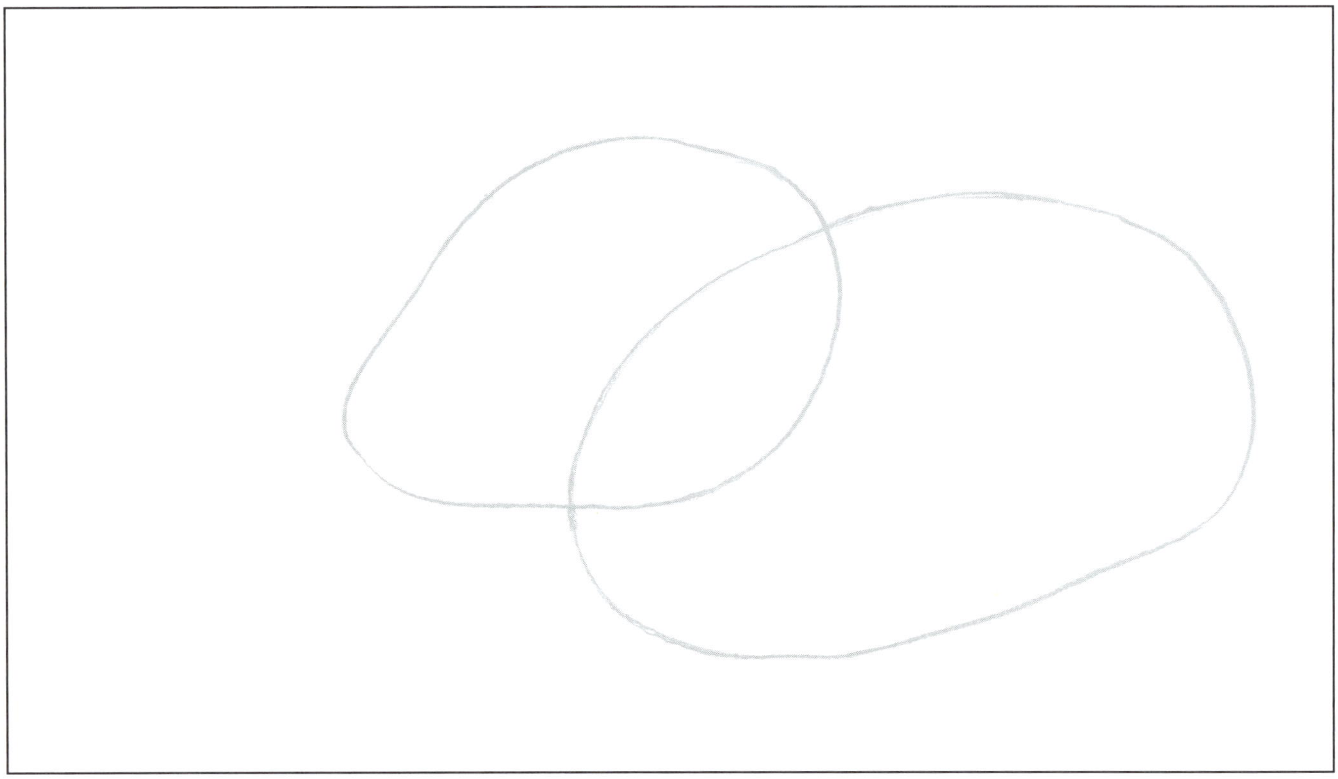

Zeichne das Meerscheinchen auf Basis dieser Grundformen.

Gestalte den unteren Teil des Hamsters über den hellen Vordruck.

Übe das weiche Fell des süßen Tierchens mit weiteren Schraffuren.

DELFINE UND MUSCHELN

★☆☆

Die Sprungkraft von Delfinen, diesen faszinierenden Meerestieren, ist enorm. Aber auch Muscheln bieten tolle Zeichenmotive.

Zeichne spritzendes Wasser und Wellen zu den beiden Tieren.

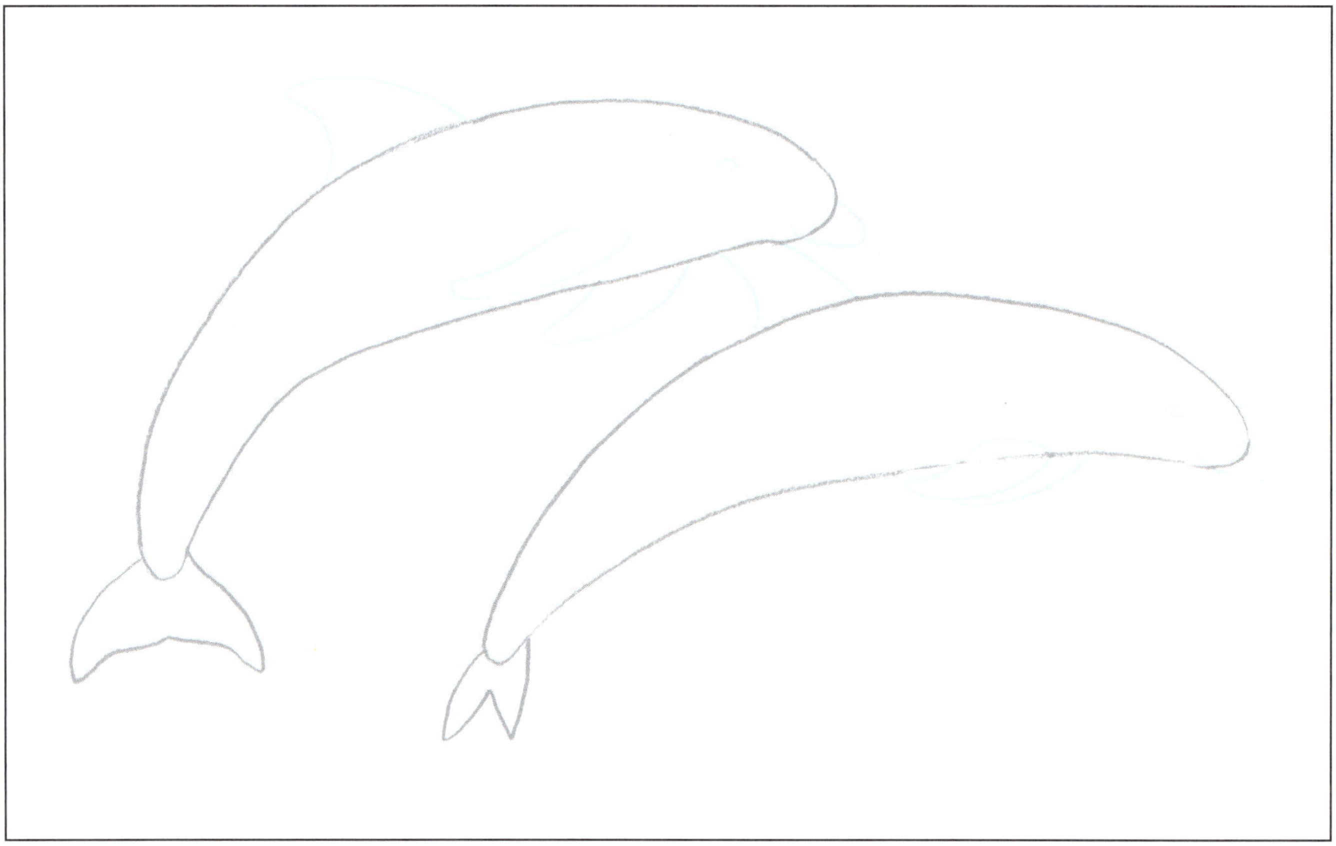

Die hellen Linien helfen dir, die Körper in der perfekten Haltung zu zeichnen.

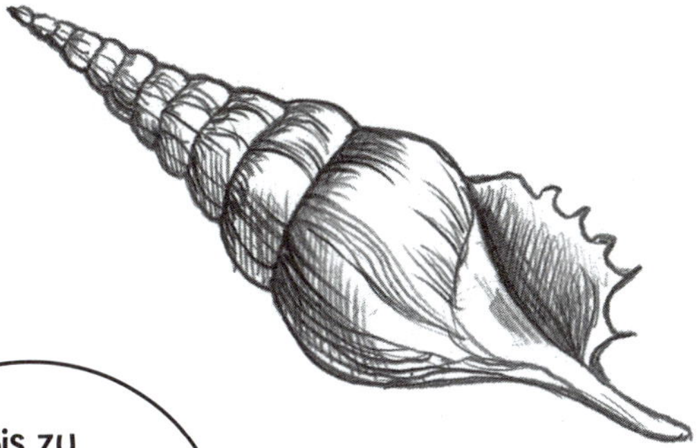

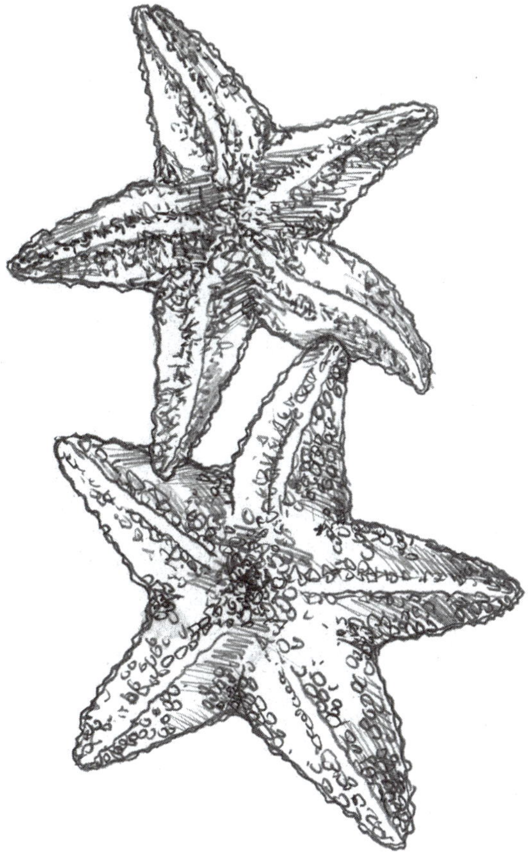

Zwei Muscheln und Seesterne siehst du als Vorlage. Zeichne die ganze Fläche voll mit Muscheln und Sternen.

POTTWAL

★★☆

Pottwale können bis zu 1.000 m tief tauchen und ernähren sich überwiegend von Tintenfisch. Als Zeichenmotiv eignen sich die Riesen der Meere durch ihre klare Grundform sehr gut.

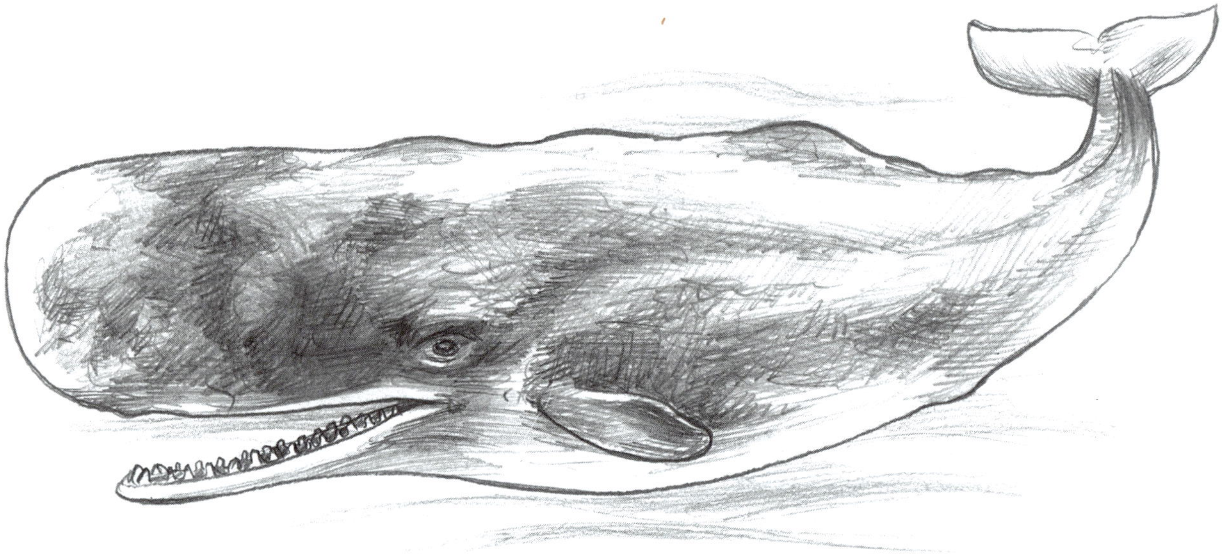

Gestalte das Meer um den Wal mit kleinen Fischen und Tintenfischen.

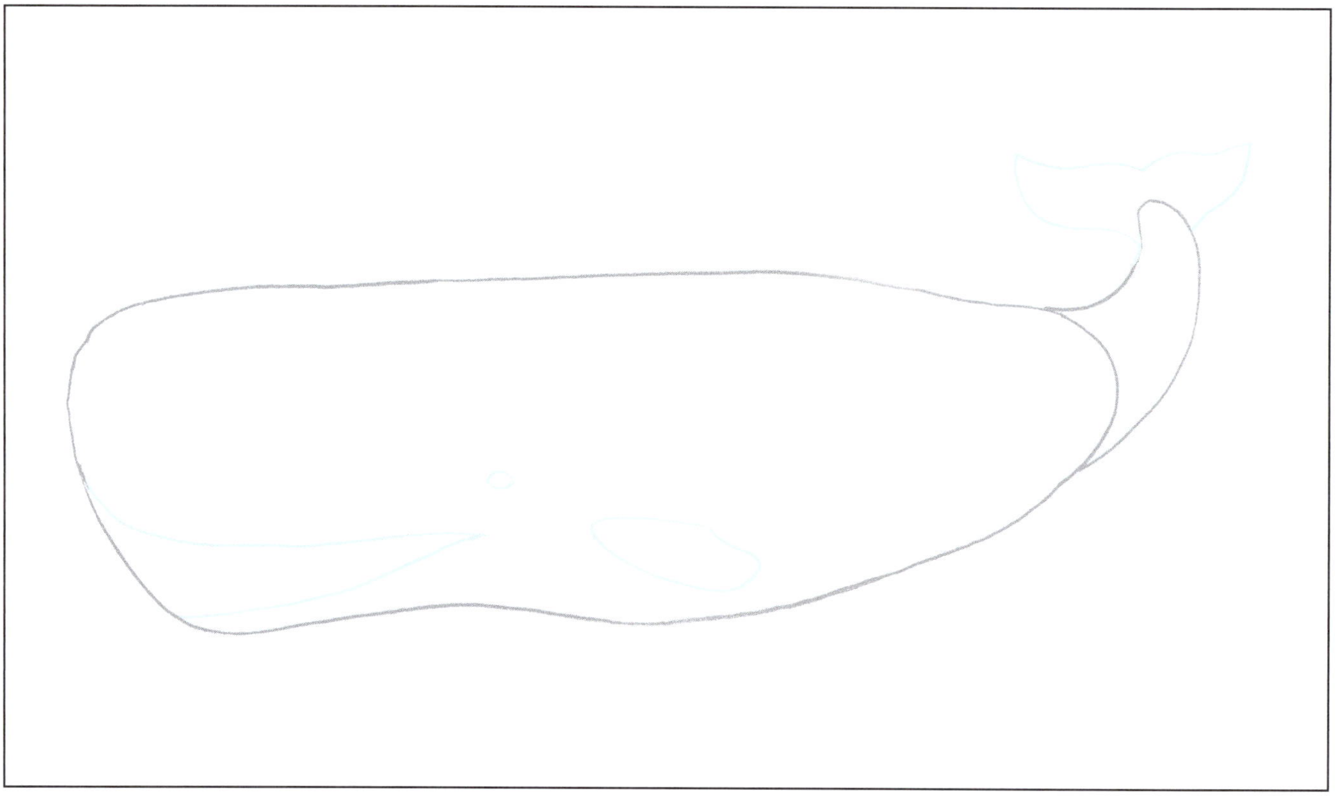

Zeichne über die hellen Linien den ganzen Pottwal.

Das Feld ist groß genug, um auch den Blauwal zu zeichnen.

SEEPFERDCHEN UND FISCH

★★☆

Am Ende der Motive mit Meerestieren stehen noch zwei besonders schöne Tiere: das Seepferdchen und ein Korallenfisch.

In diesem Feld kannst du die Arbeitsschritte für das Seepferdchen üben.

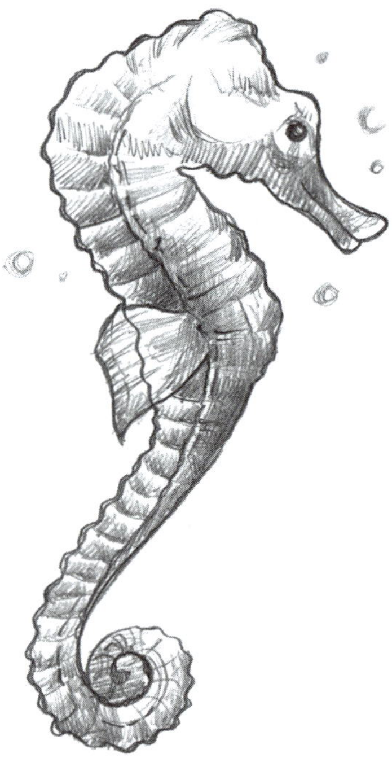

Zeichne nun das Seepferdchen in das freie Feld.

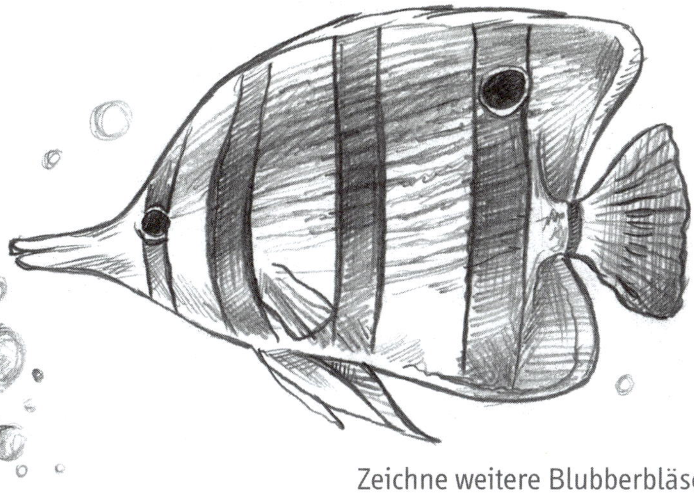

Zeichne weitere Blubberbläschen.

In dieses Feld kannst du einen ganzen Schwarm an Korallenfischen zeichnen

HUNDERASSEN

★★☆

Was darf beim Zeichnen von Tieren auf keinen Fall fehlen? Der Hund natürlich! Schließlich sind sie für viele von uns ein täglicher Freund und Begleiter.

Zeichne den kompletten Husky oben über die hellen Linien und den Hundekopf unten rechts in das Feld.

Zeichne den Yorkshire Terrier in das freie Feld.

In diese Fläche kannst du den kleinen Papillon über den hellen Vordruck zeichnen.

Das Hundeportrait des kleinen Hundes kannst du in das freie Feld zeichnen.

BOXER, LABRADOR UND CO.

★★★

Weil es so Spaß macht, zeichnen wir einfach noch weitere Hunde!

Zeichne die Grundformen des Labradors, des Boxers und des Schäferhundes oben über die hellen Linien.

Zeichne die kompletten Hunde mit allen Schraffuren über diese Vorlage.

Dieses Feld steht dir zur freien Verfügung für deinen Lieblingshund.

KÄTZCHEN

☆☆☆

Die kleine Katze weiß wohl schon ganz genau, wie sie die Betrachter in Verzückung versetzt. Nimm einen Bleistift und zeichne gleich das niedliche Tierchen.

Zeichne das ganze Umfeld der Katze mit weiteren Wollknäulen, Spielsachen, Mäusen und allem, was dir einfällt.

In dieses Feld kannst du die kleine süße Katze zeichnen.

Übe hier noch einmal das Gesicht des Kätzchens.

KATZEN IN GROSS UND KLEIN

★★☆

Tier-Babys waren bereits auf mehreren Doppelseiten Thema dieses Buches. Sie sind einfach niedlich, so auch diese beiden Kätzchen, die hier abgebildet sind.

Mit was spielt die kleine Katze rechts? Zeichne es dazu.

Zeichne beide Kätzchen, wobei du bei der rechten Katze bereits den hellen Vordruck zur Hilfe hast.

In dieser Fläche kannst du die ganz unterschiedlichen Katzen von oben üben.

HOLSTEINER

★☆☆

Am Ende des Kapitels „Tiere zeichnen“ müssen natürlich noch Pferde kommen, denn ohne sie wäre das Kapitel sicher nicht komplett. Fangen wir mit einer einfachen Ansicht von der Seite an.

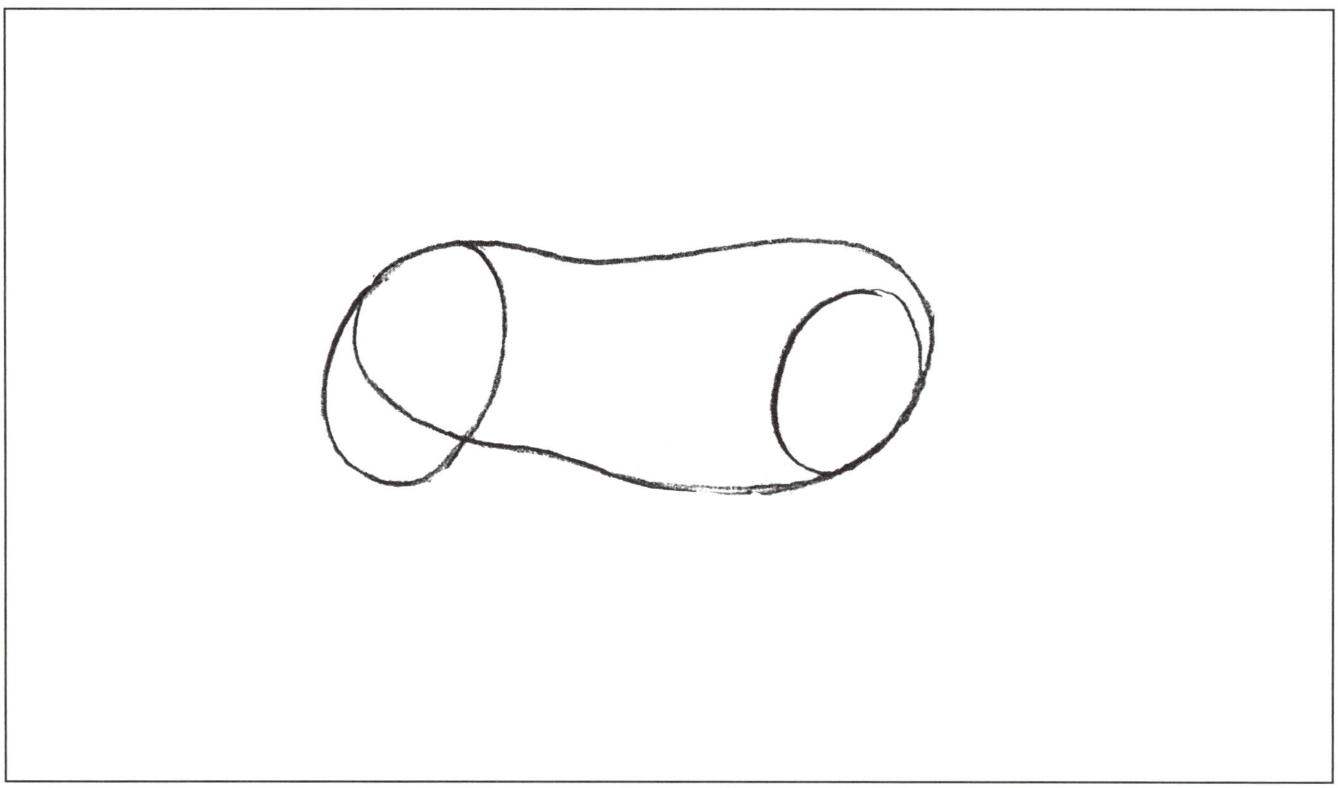

Zeichne zunächst nur den Grundaufbau von oben zu diese ersten Formen hinzu.

Gestalte die Umgebung zu dem Pferd mit Pferdekoppel, Pflanzen und allem, was dir gefällt.

Zeichne in dieses Feld den kompletten Holsteiner Hengst. Orientiere dich dabei an der Abbildung links oben.

IM GESTÜT

★★★

Und gleich geht es weiter mit den Pferden. Jetzt wird ihr Fell und ihre Mähne richtig schön gezeichnet, so dass sie am Ende ganz lebendig wirken und das Charakteristische jeder Rasse zum Ausdruck kommt.

Die hellen Vordrucke helfen dir, die beiden Pferde von oben zu zeichnen

Lipizaner

Andalusier

Zeichne zu den vier Pferden noch eine schöne Landschaft im Hintergrund.

Zeichne die Pferde von oben oder auch deine eigenen Lieblingspferde.

PFERD IM GALOPP

Als Abschluss zum großen Kapitel „Tiere zeichnen“ hier noch ein galoppierendes Pferd. Hast du bereits etwas Übung, gelingt dir das bestimmt.

Traust du dir zu eine dahin huschende Landschaft im Hintergrund zu zeichnen?

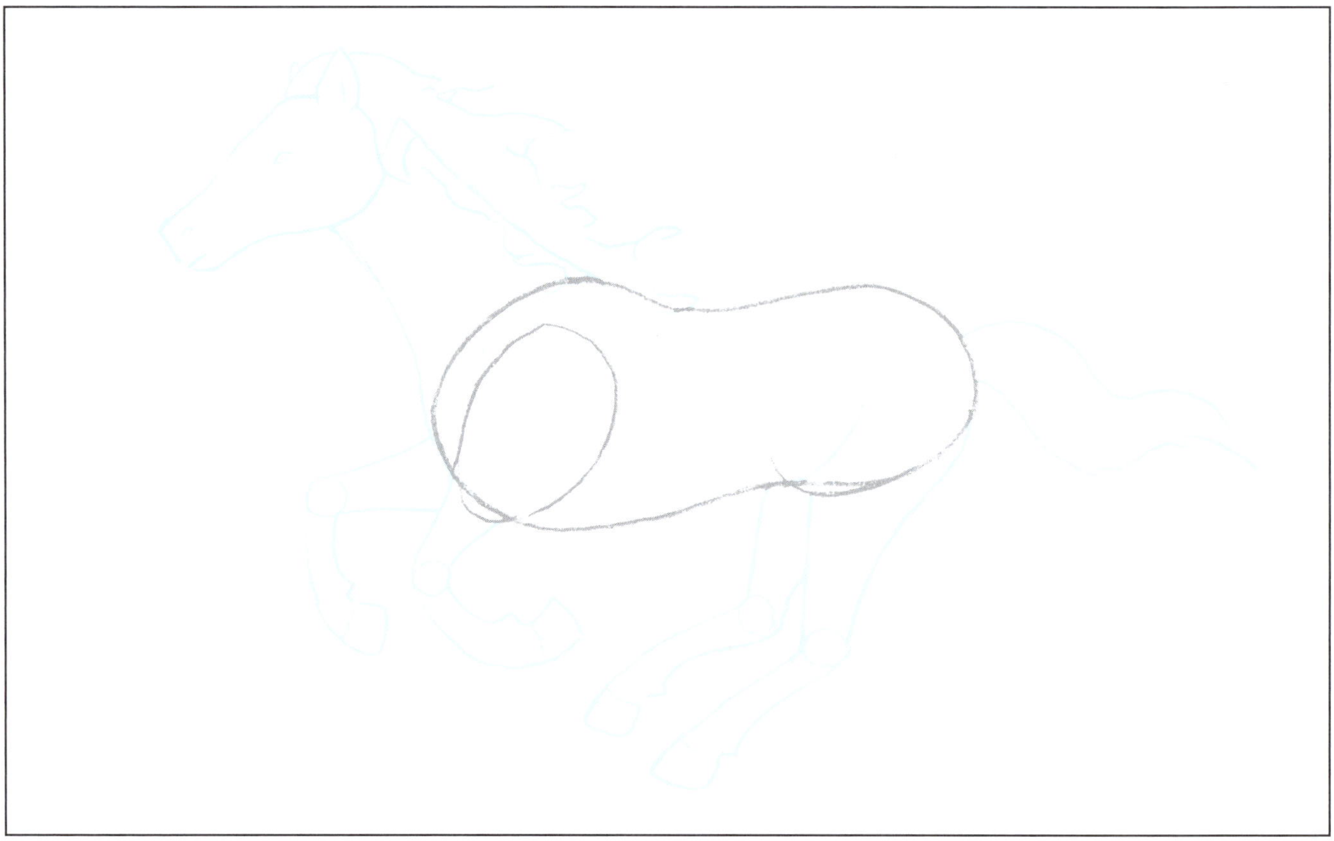

Mit diesen ersten Linien dürfte dir das Motiv gelingen.

Zeichne die hintere Hälfte des Pferdes über den hellen Bereich.

Gestalte das Pferd im Trab mit Schraffuren und Konturen so gut, wie du es kannst.

MENSCHEN ZEICHNEN

Menschen zu zeichnen ist einerseits eine Herausforderung, andererseits macht es aber auch einfach großen Spaß, besonders, wenn die ersten Striche gelingen. Die nächsten Seiten zeigen dir einen einfachen Einstieg in das Thema.

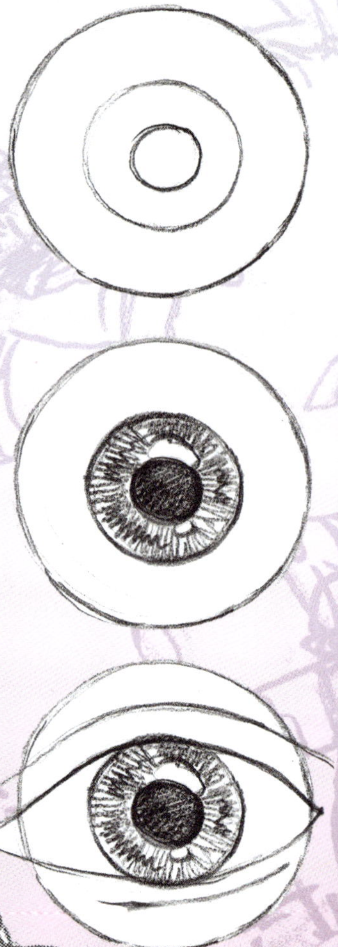

AUGEN, NASE, MUND, OHR

Fangen wir mit dem Kopf an und widmen uns zunächst den Details des Gesichtes.

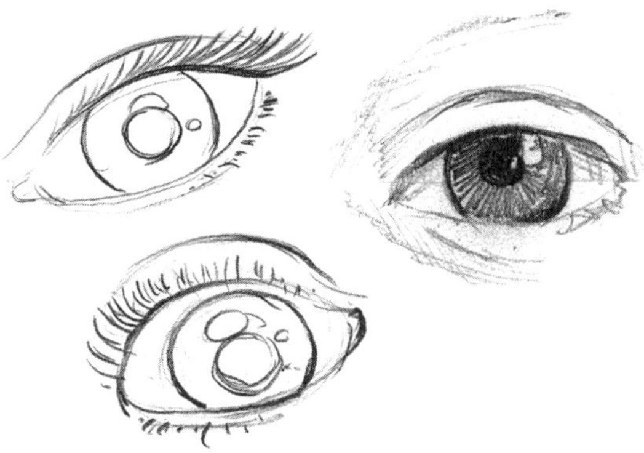

Übe diese drei Augen, wovon eines bereits hell sichtbar ist.

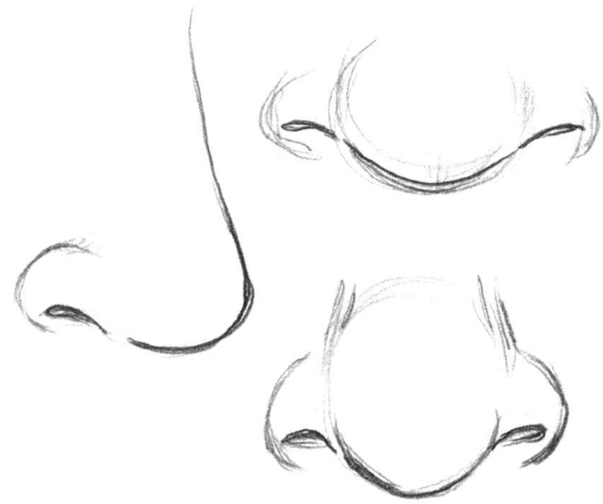

Die Nase von vorne und im Profil ist die zweite Aufgabe.

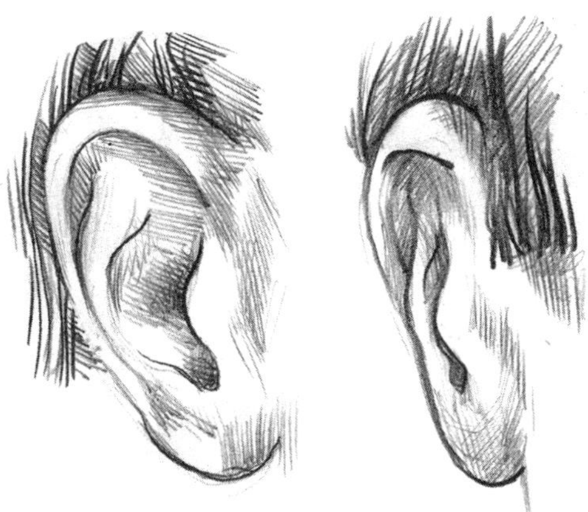

Ein Ohr von der Seite und von vorne darf hier auch nicht fehlen.

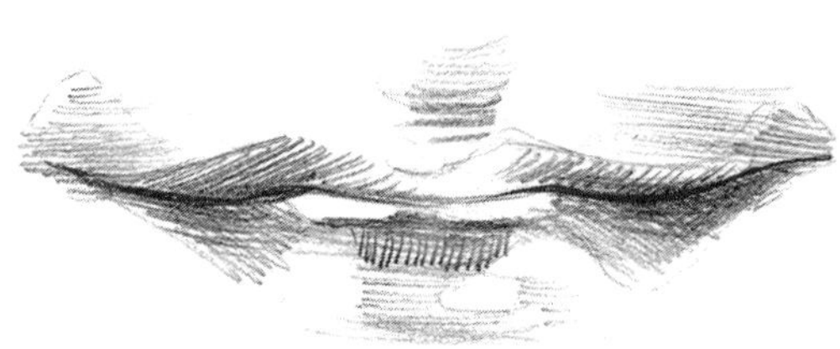

Zeichne als Letztes auf dieser Seite noch den Mund von vorne.

HÄNDE UND FÜSSE

★★★

Hände sind ein in sich geschlossener Bewegungsapparat, ebenso Füße, weshalb du beides separat üben solltest.

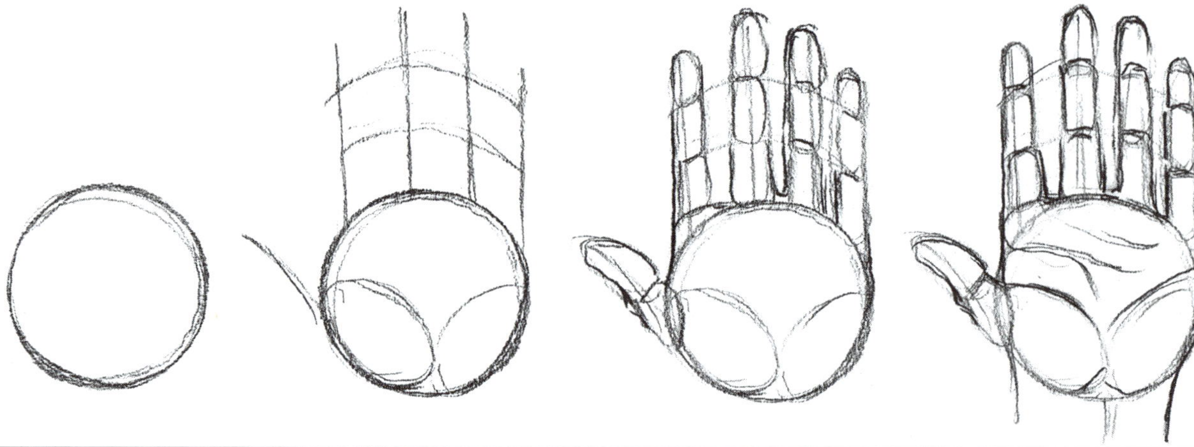

Hier hast du Platz, um in vier Arbeitsschritten die offene Hand zu zeichnen.

Nun kannst du Schritt für Schritt den Fuß über den hellen Vordruck zeichnen.

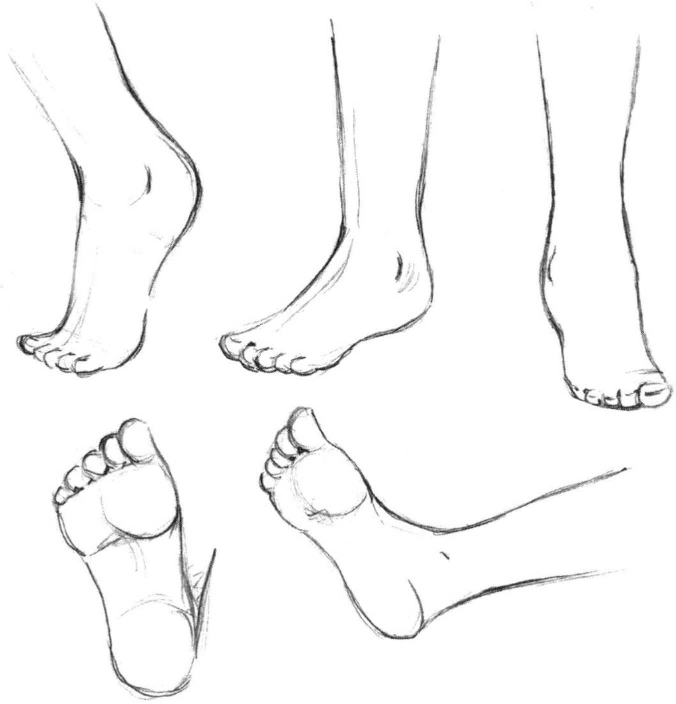

Zeichne entweder die abgebildeten Füße oder denke dir neue Varianten aus. Koloriere die abgebildeten Füße.

Zeichne die Hände nach und gestalte noch weitere Ansichten von Händen. Koloriere die abgebildeten Hände.

DER KOPF

★★☆

Die kleinen wichtigen Details am menschlichen Kopf haben wir bereits geübt, also kannst du jetzt anfangen, ganze Köpfe und Gesichter zu zeichnen.

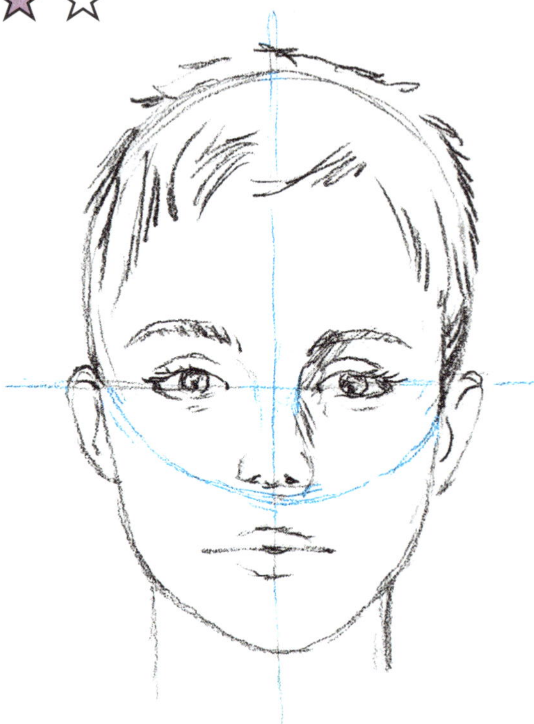

Gestalte das Gesicht farbig.

Zeichne die beiden Arbeitsstufen von oben über die Vordrucke in dem Feld.

Oben sind bereits einige einfache Gesichter abgebildet. Gestalte weitere Varianten und schraffiere dann alles.

MINI-FIGUREN

★★☆

Mit Hilfe eines Strichmännchens kannst du relativ einfach einen Menschen zeichnen. Achte dabei auf die richtigen Proportionen!

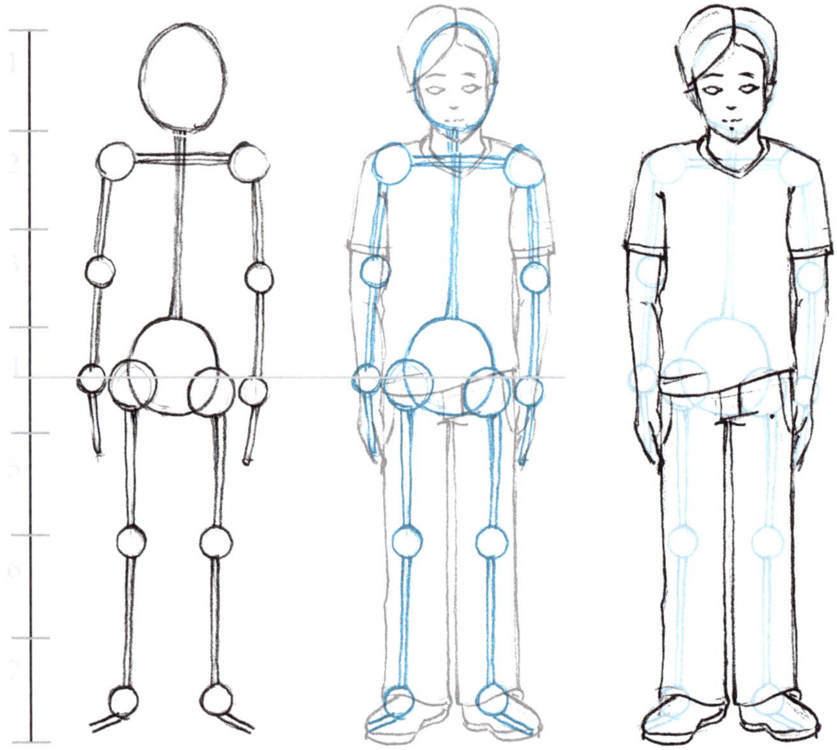

Zeichne weitere Strichmännchen.

Zeichne zunächst das Strichmännchen, dann die Figur darüber.

Gestalte solche Minifiguren auf Basis deiner Strichmännchen.

FUSSBALLERIN UND SURFER

★★☆

Bei diesen beiden Motiven siehst du, wie die Strichmännchen als Zeichenhilfe zum Einsatz kommen.

Gestalte die Fußballerin über den hellen Vordruck des Strichmännchens und zeichne den Fußballrasen dazu.

Zeichne mindestens einen weiteren Surfer, der die Monsterwelle reitet.

ROCK N' ROLL

☆☆☆

Zeichnest du nur Ausschnitte eines Körpers, ist die Methode mit Grundformen wie bei den Tieren eventuell besser als Strichmännchen. Hier kommt auch noch die Gitarre hinzu.

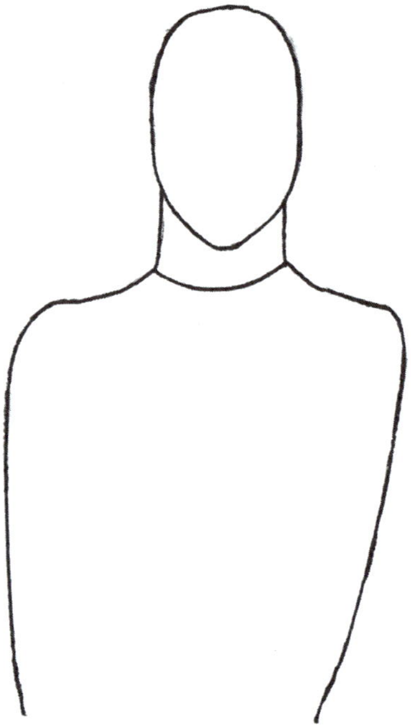

Arbeite hier weitere Schraffuren mit ein.

Zeichne zunächst die beiden Arbeitsschritte von oben in das Feld

Gestalte den Rockstar, indem du den Vordruck nachzeichnest und die Figur bis zum unteren Bildrand ergänzt.

SKATEBOARDER

★★☆

Bist du auch schon auf einem Skateboard gestanden? Gar nicht so einfach, aber mit etwas Übung hat man schnell gute Tricks drauf. Genauso ist es beim Zeichnen eines Skateboarders auch.

Zeichne zu dem Skateboarder eine Straßenszene im Hintergrund.

Zeichne den Skatboarder über das helle Strichmännchen.

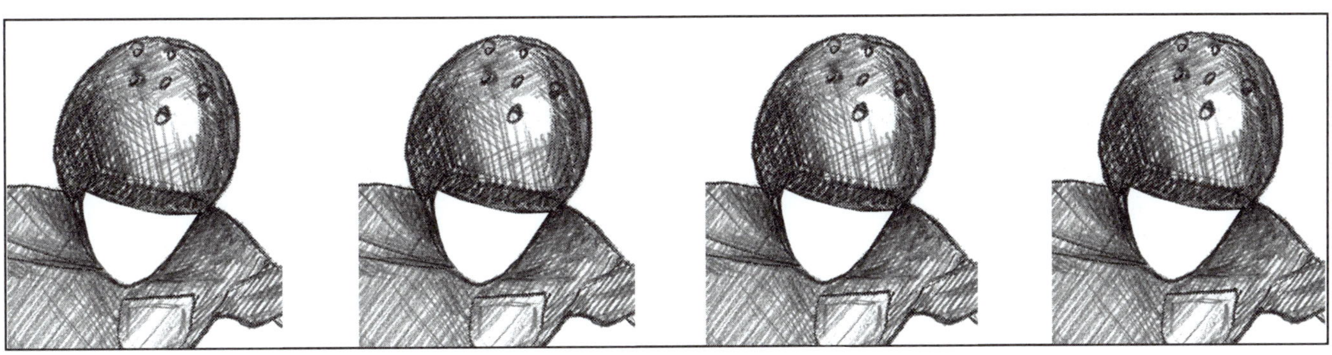

Welchen Gesichtsausdruck könnte der Junge noch haben? Hier kannst du vier weitere Gesichter zeichnen.

MÄDCHENPORTRAIT

★★☆

Portraits scheinen auf den ersten Blick schwierig zu sein, sind sie aber eigentlich gar nicht, wenn man weiß, wie man rangeht.

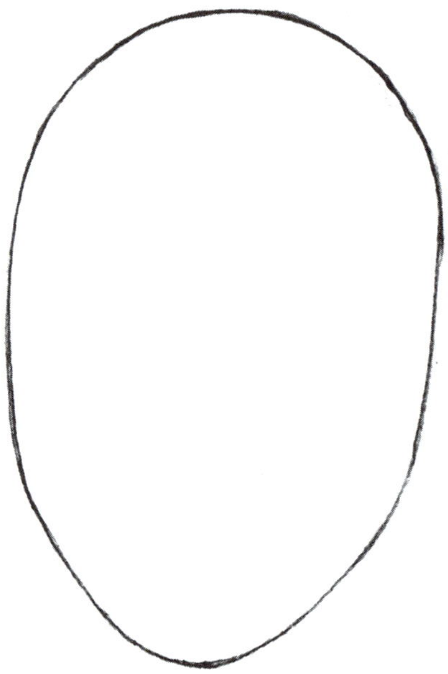

Zeichne zunächst diese beiden Arbeitsschritte und dann das untere Bild ganz fertig. Orientiere dich dabei am Bild rechts.

Über den hellen Vordruck zeichnest du nun die rechte Gesichtshälfte und ergänze auch noch den Oberkörper des Mädchens.

DER BESTE FREUND

★★☆

Menschen mit Tieren, besonders mit Hunden, sind ein tolles Motive. Die Zeichnung zeigt das Portrait eines Jungen mit seinem besten Freund, dem Hund.

Zeichne die beiden Gesichter in der Darstellung von vorne in das freie Feld. Orientiere dich dabei am Bild von oben.

Gestalte auch noch diese lustige Variante mit den dunklen Sonnenbrillen auf Basis des hellen Vordrucks.

MÄDCHEN MIT HUND

★★☆

Beim letzten Motiv kannst du nochmal die Vorgehensweise mit den Strichfiguren ausprobieren und das Mädchen mit dem Hund zeichnen.

Zeichne einen Stadtpark mit Bäumen als Hintergrund.

Orientiere dich am Bild links und zeichne das Mädchen mit Hund über den hellen Vordruck.

BUCHEMPFEHLUNGEN FÜR DICH

Mehr kreative Bücher gesucht?

ISBN 978-3-7724-8437-7

ISBN 978-3-7724-4456-2

ISBN 978-3-7724-4457-9

ISBN 978-3-7358-9025-2

ISBN 978-3-7724-7590-0

ISBN 978-3-7358-9208-9

ISBN 978-3-7358-9206-5

ISBN 978-3-7358-9100-6

ISBN 978-3-7358-9030-6

ISBN 978-3-7358-9201-0

ISBN 978-3-7358-9202-7

ISBN 978-3-7724-8460-5

Noch mehr Kreativ-Bücher findest du auf www.TOPP-kreativ.de

DÜRFEN WIR VORSTELLEN? WIR SIND TOPP!

Uns, unsere Autoren, Bücher, Sets und viele, viele Bastelideen gibt's nicht nur auf Events und in Buchhandlungen, sondern natürlich auch online:

www.TOPP-KREATIV.de

www.YouTube.com/Frechverlag

www.TOPP-KREATIV.de/Newsletter

www.Instagram.com/Frechverlag

www.Facebook.com/Frechverlag

www.Pinterest.com/Frechverlag

www.TOPP-kreativ.de/DigiBib

GECKO KECK, alias Gerhard Wörner, ist längst aus der kreativen Szene Deutschlands nicht mehr wegzudenken. 1989 gründete er eine Agentur für Karikatur und Illustration und lernte als Grafiker den Alltag in der Produktion kennen. Seit 1993 ist er wieder selbstständig und hat mehr als 5.000 Entwurfszeichnungen für die heiß begehrten Überraschungseier gefertigt. 1998 eröffnete er eine eigene Kunstgalerie in Stuttgart (Malerei, Grafik, Skulpturen). Seit 2004 arbeitet er im eigenen Kieselsteiner Verlag und gibt Kurse zum Thema Malen und Zeichnen u.a. auf der Insel Elba.

www.geckokeck.de
https://de.wikipedia.org/wiki/Gecko_Keck

SERVICE-HOTLINE
Haben Sie Fragen oder gibt es ein Problem? Wir helfen Ihnen gern.
Rufen Sie uns an oder schreiben Sie eine E-Mail:
Telefon: 0711 / 123 757 20*
E-Mail: hilfe@frechverlag.de

*normale Telefongebühren

IMPRESSUM

ZEICHNUNGEN: Gerhard Wörner
PRODUKTMANAGEMENT UND LEKTORAT: Lisa Schmidt
UMSCHLAGGESTALTUNG: Eva Hook
LAYOUT UND SATZ: Gerhard Wörner
DRUCK UND BINDUNG: DZS Grafik, Slowenien

16. Auflage 2025

produktsicherheit@frechverlag.de
ISBN: 978-3-7724-8459-9 Best.-Nr. 8459

MIX
Papier | Fördert gute Waldnutzung
FSC® C106600

Penguin Random House Verlagsgruppe FSC® N001967